# Die schönsten
# Kinderwitze und Rätsel
## für Erstleser

# Die schönsten Kinderwitze und Rätsel für Erstleser

Arena

2. Auflage 2014
© Arena Verlag GmbH, Würzburg 2014
Alle Rechte vorbehalten
Einband: Wilfried Gebhard
Gesamtherstellung: Westermann Druck Zwickau GmbH
ISBN 978-3-401-70248-3

**www.arena-verlag.de**

**Inhalt**

Die schönsten Kinderwitze        7

Rategeschichten        51

Kunterbunte Kinderwitze        89

Mücki und Max
# Die schönsten Kinderwitze
Bilder von Wilfried Gebhard

# Tierisch lustig

Zwei Schnecken gehen
über die Landstraße.
Da sagt die eine zur anderen:
„Schalte einen Gang runter!
Da vorn ist eine Radarfalle."

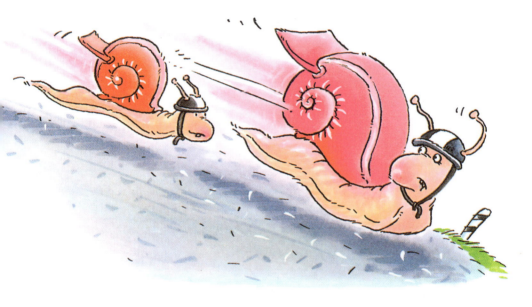

Nachdem der Hai den Windsurfer
aufgefressen hat, sagt er:
„Prima Futter,
mit Serviette und Frühstücksbrett!"

Zwei Spatzen sehen
ein Flugzeug vorbeifliegen.
„Der hat es aber eilig",
meint der eine Spatz.
„Kein Wunder,
wenn einem der Hintern brennt."

Der kleine Wanderzirkus
hat sein Zelt aufgeschlagen.
Plötzlich beginnt es zu regnen.
„Holt schnell das Zebra rein",
ruft der Direktor aufgeregt,
„es ist frisch gestrichen!"

Zwei Pinguinkinder unterhalten sich:
„Fein, heute haben wir
nur zehn Grad unter null.
Vielleicht bekommen wir ja
hitzefrei!"

Ein Ameisenstamm
überfällt einen Elefanten.
Der Elefant schüttelt
die kleinen Tiere mit Leichtigkeit ab.
Nur eine Ameise klammert sich
tapfer an seinem Hals fest.
Die anderen rufen:
„Bravo, Erwin! Erwürg ihn!"

Der kleine Tiger soll das erste Mal
im Zirkus auftreten.
Ängstlich fragt er einen alten Tiger:
„Warum starren uns
die Leute so an?"
„Keine Angst", sagt der alte Tiger.
„Die sind alle hinter Gittern."

Der Dompteur hält
einen erloschenen Feuerreif
in der Hand.
Vorwurfsvoll sagt er zu dem Löwen:
„Du sollst springen, nicht pusten!"

Was passiert,
wenn zwei Tausendfüßler
sich umarmen?
Es gibt einen Reißverschluss.

Zwei Mäuse sitzen nachts
am Fenster.
Eine Fledermaus fliegt vorbei.
Sagt die eine Maus:
„Schau mal, ein Engel!"

14

Im Urwald spielt ein Geiger.
Alle Tiere hören andächtig zu.
Da kommt ein Löwe
und verschlingt den Geiger.
„Warum hast du das getan?",
fragt der Gorilla.
„Er hat doch so schön gespielt!"
Der Löwe legt die Pfote an sein Ohr
und fragt:
„Wie bitte?"

Zwei Hühner schauen sich
Eierbecher an.
Da sagt das eine Huhn:
„Das sind aber
schöne Kinderbetten!"

15

Eine Schlange fragt:
„Bin ich eigentlich giftig?"
Darauf die andere Schlange:
„Warum willst du das denn wissen?"
„Ich habe mir gerade
auf die Zunge gebissen!"

Familie Frosch
trifft auf ihrem Ausflug
einen Storch.
„Wau, wau, wau!",
bellt die Froschmutter.
Der Storch fliegt sofort davon.
„Seht ihr, Kinder",
meint die Froschmutter,
„Fremdsprachen
kann man immer
gut gebrauchen!"

Der kleine Hase fragt:
„Wie ist das, Mama?
Der Storch bringt
die Menschenkinder.
Aber wie bin ich
auf die Welt gekommen?"
Die Hasenmutter antwortet:
„Der Zauberer hat dich
aus dem Hut gezogen!"

Die Spatzen freuen sich:
„Bald ist Ostern.
Dann verstecken
die Gärtner Körner
in der Erde.
Und wir dürfen sie suchen!"

Eine Schlange hat Bauchweh.
Sie jammert:
„Ich hätte den Mann
ohne das Fahrrad fressen sollen!"

Eine Katze und eine Maus
beim Bäcker:
„Ein Stück Käsekuchen, bitte!",
piepst die Maus.
„Und was möchten Sie?",
fragt die Verkäuferin die Katze.
„Ich nehme die Maus – mit Sahne!"

Zwei Hunde laufen
durch die Eiswüste.
Da sagt der eine Hund:
„Wenn nicht gleich ein Baum kommt,
mache ich in die Hose!"

# Mama, Papa, das war ein Witz!

19

Pit geht mit seinem Vater
in den Tierpark.
Vor dem Affenkäfig sagt Pit:
„Schau mal, Papa,
der alte Affe sieht aus
wie Onkel Klaus."
„Aber Pit,
so was sagt man nicht."
„Warum? Der Affe versteht das
doch gar nicht."

Es klingelt an der Tür.
Kevin geht hin und öffnet.
„Mami", ruft er.
„Da sammelt jemand
für das neue Schwimmbad."
„Na gut", ruft die Mutter zurück.
„Gib ihm zwei Eimer Wasser!"

„Na, Tom", fragt der Papa.
„Was bekommt denn
dein kleiner Bruder
von dir zum Geburtstag?"
„Weiß noch nicht", sagt Tom.
„Letztes Jahr hat er jedenfalls
die Windpocken von mir
bekommen."

„Mutti, wo sind eigentlich
die Mücken im Winter?"
„Keine Ahnung!
Aber ich wünschte mir,
da wären sie auch im Sommer!"

Claudia wünscht sich
zu Weihnachten ein Schlagzeug.
Die Mutter fragt:
„Und wie soll ich
bei dem Krach arbeiten?"
„Na gut", verspricht Claudia.
„Dann spiele ich eben nur,
wenn du schläfst."

„Aber Julia, warum hast du
deinen Teddybären
in den Kühlschrank gelegt?"
„Ich möchte einen Eisbären
aus ihm machen!"

Der Vater erzählt:
„Damals im hohen Norden wurde ich
von acht Wölfen angefallen . . ."
Lea unterbricht ihn:
„Aber Papa, das letzte Mal
hast du mir nur
von vier Wölfen erzählt!"
„Da warst du noch zu klein
für die ganze Wahrheit!"

„Na, Robby, hast du
schon etwas gefangen?"
„Ich angele gar nicht, Mama.
Ich will nur testen,
ob deine Armbanduhr
wirklich wasserdicht ist."

Der kleine Lars nimmt eine Katze
auf den Arm und streichelt sie.
Sofort fängt die Katze an
zu schnurren.
Lars ruft erschrocken:
„Papa, wo kann ich sie ausschalten?"

Beim Zoobesuch
sagt der Vater besorgt:
„Geh sofort von den Löwen weg!"
Katja ist empört:
„Wieso, Papa,
ich tue ihnen doch gar nichts."

„Tommy", schreit die Mutter.
„Eben habe ich
in deiner Hosentasche
einen lebenden Frosch gefunden!"
„Was", erschrickt Tommy,
„die Mäuse sind nicht mehr drin?"

Der Vater ist entsetzt:
„Was spielt ihr denn da?"
„Doktor!"
„Und was macht Hanna
oben auf dem Schrank?"
„Die haben wir zur Erholung
in die Berge geschickt."

Vater kocht in den Ferien
für die Familie.
Am dritten Tag fragt Felix:
„Hast du das Kochen
beim Fernsehen gelernt?
Dort gibt es auch immer
Wiederholungen."

Leon sagt zu seiner Mutter:
„Schau mal, die Frau dort.
Warum hat die
so rot angemalte Zehen?"
Die Mutter antwortet:
„Damit ihr keiner darauftritt."

Helen sitzt am Computer.
Ihr Vater schaut ihr von hinten
über die Schulter.
Sie sagt zu ihm:
„Das ist nun wirklich
zu kompliziert für dich, Papa.
Spiel lieber mit der Eisenbahn!"

„Heute haben wir
mit Computern gerechnet",
erklärt Johannes stolz.
„Glaubst du, das könnte ich auch?",
fragt seine Mutter.
„Bestimmt!
Probier es doch einfach mal:
Wie viel ist fünf Computer
plus acht Computer?"

Der Vater ist ärgerlich:
„Wie ist das denn möglich!
Sechzehn Fehler
in diesem kurzen Diktat!?"
Ina antwortet ganz ruhig:
„Das liegt bloß
an dem neuen Lehrer.
Der sucht wie verrückt."

# Das lachende Klassenzimmer

„Wer weiß, warum es in Holland
so viele Windmühlen gibt?",
fragt der Lehrer.
„Ich weiß es", ruft Nina,
„damit die Kühe
immer frische Luft haben."

Die Lehrerin erklärt:
„Pilze wachsen
an feuchten Stellen im Wald."
„Aha", sagt Andy,
„deshalb sehen sie aus
wie Regenschirme!"

Die Kinder haben Sport.
Alle warten auf Lars.
Der Lehrer ruft
in den Umkleideraum:
„Lars! Hast du endlich
deine Turnschuhe an?"
„Ja", schallt es zurück,
„alle – bis auf einen!"

„Wie alt bist du?",
fragt der Lehrer Nikolas.
„Sechs!"
„Und was möchtest du mal werden?"
„Sieben!"

Die Lehrerin fragt:
„Wie nennt man
einen Menschen, der stiehlt?"
„Ich weiß es nicht", sagt Anna.
„Überleg mal:
Wenn ich meine Hand
in deine Jackentasche stecke
und ein Zweieurostück herausziehe,
was bin ich dann?"
„Eine Zauberin", antwortet Anna.

Janina sitzt in der Klasse
und hat eine Rotznase.
Der Lehrer fragt sie:
„Hast du kein Taschentuch?"
„Doch", sagt Janina.
„Aber ich leihe es Ihnen nicht!"

„Was ist dein Vater von Beruf?",
will die Lehrerin wissen.
„Er ist Zauberkünstler",
antwortet Daniel.
„Und was verzaubert er?"
„Er zersägt Jungen in einer Kiste."
„Ist das denn nicht schwer,
solche Jungen zu finden?"
„Aber nein, ich habe ja zu Hause
noch vier Halbbrüder."

Alex geht in die erste Klasse.
Die Briefträgerin fragt:
„Kennst du schon das Abc?"
„Na klar, schon bis hundert."

Sarah steht vor der großen Tafel.
Sie soll eine Aufgabe lösen.
Ratlos dreht sie sich zum Lehrer um
und sagt:
„Immer wenn ich auf die Tafel gucke,
wird mir ganz schwarz vor Augen."

In der Schule fragt die Lehrerin:
„Kannst du mir sagen,
warum Fische stumm sind?"
Anna antwortet vorwurfsvoll:
„Können Sie denn reden,
wenn Ihr Kopf unter Wasser ist?"

Der Lehrer fragt:
„Welcher Vogel baut kein Nest?"
Susanne sagt:
„Der Kuckuck."
„Und warum nicht?",
fragt der Lehrer.
„Na, weil er in einer Uhr wohnt."

Lehrerin:
„Ich hoffe, dass ich dich nicht mehr beim Abschreiben erwische!"
Katrin:
„Das hoffe ich auch!"

„Igitt! Carla!",
ruft die Lehrerin.
„Was hast du bloß
für dreckige Hände!"
Carla strahlt und antwortet:
„Das ist noch gar nichts.
Da müssten Sie erst mal
meine Füße sehen."

„Hast du keine Ohren?",
schimpft der Lehrer.
„Wie oft muss ich dir sagen,
dass du nicht ständig
mit den Beinen zappeln sollst?"
Micha brummelt:
„Und wie soll ich bitte
mit den Ohren zappeln?"

Der Lehrer fragt:
„Glaubt ihr, dass der Mond
bewohnt ist?"
Alina antwortet sofort:
„Selbstverständlich!
Es brennt ja Licht da oben."

„Du hast gestern
wieder gefehlt, Ingo",
sagt der Lehrer.
„Wo ist deine Entschuldigung?"
„Meine Mutter weiß
noch nicht so recht,
was sie schreiben soll.
Sie knobelt noch dran."

„Wie viel wiegst du?",
fragt der Lehrer.
„Fünfunddreißig Kilo mit Brille",
sagt Ken.
„Wieso mit Brille?"
„Weil ich ohne Brille
die Waage nicht ablesen kann."

Der Lehrer fragt:
„Was ist flüssiger als Wasser?"
Sascha:
„Hausaufgaben."
„Warum das denn?"
„Weil sie überflüssig sind."

Lara zu ihrer Freundin:
„Gestern hat unsere Lehrerin
den Micha heimgeschickt."
„Warum denn?"
„Weil er sich nicht gewaschen hatte."
„Und, hat es was genützt?"
„Ja, heute haben sich schon sieben
aus unserer Klasse nicht
gewaschen!"

„Das war doch deine Lehrerin."
„Ja."
„Und warum grüßt du sie nicht?"
„Jetzt? In den Ferien?"

Mit Tränen in den Augen
steht Max vor seinem Lehrer:
„Ich finde auch nicht gut,
was Sie machen.
Aber renne ich
deswegen immer gleich
zu Ihren Eltern?"

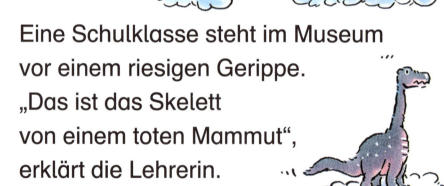

Eine Schulklasse steht im Museum
vor einem riesigen Gerippe.
„Das ist das Skelett
von einem toten Mammut",
erklärt die Lehrerin.
Max ist erstaunt.
„Dann kommen also nur das Fleisch
und der Speck in den Himmel?"

# Verrückte Welt

Eine Frau sagt zu einem Mann:
„Entschuldigen Sie,
aber Ihr Hund hat eben jemanden
auf einem Fahrrad gejagt."
„Das ist doch lächerlich",
antwortet der Mann.
„Mein Hund kann gar nicht
Fahrrad fahren."

Die Nachbarin sagt zu Tim:
„Ich habe dich eben beobachtet.
Du hast meinem Schäferhund
die Zunge rausgestreckt!"
„Das stimmt", sagt Tim.
„Aber Ihr Hund
hat damit angefangen."

„Was ist ein Wiedehopf?",
fragt Nils seine Schwester.
„Das ist ein kranker Fisch."
„Aber hier im Buch steht:
Der Wiedehopf sprang
von Baum zu Baum."
„Na also, da siehst du ja selbst,
wie krank der Fisch ist."

In der Kirche liegen
ein paar Schlittschuhe.
„Wem gehören die denn?",
fragt der Pfarrer
den jüngsten Messdiener.
„Na, wahrscheinlich
den Eisheiligen!"

Ein Ritter schläft unter einem Baum.
Da kommt ein Löwe vorbei.
„Igitt, schon wieder Dosenfutter!"

Ein Mann will unbedingt
zum Zirkus.
Er sagt zum Zirkusdirektor:
„Ich kann einen Vogel nachmachen!"
Der Zirkusdirektor lehnt ab:
„Das ist ja langweilig!"
„Na gut", sagt der Mann
und fliegt aus dem Fenster.

Im Blumenladen hängt ein Schild
„Lasst Blumen sprechen!".
Nina geht hinein und verlangt:
„Ich möchte einen Kaktus,
der Nein sagen kann!"

Tina saust mit dem Fahrrad
um die Kurve.
Dabei fährt sie beinahe
eine alte Frau um.
Die Frau schimpft:
„Kannst du nicht klingeln?"
„Na klar", sagt Tina,
„aber ich wollte Sie
nicht erschrecken!"

45

„Herr Ober, im Apfelkuchen
ist kein Stückchen Apfel!"
„Na und? Im Hundekuchen
sind ja auch keine Hunde!"

Philipp ist zum ersten Mal
auf dem Bauernhof.
Lange schaut er den Kühen
beim Wiederkäuen zu.
Dann meint er:
„Es ist sicher ganz schön teuer,
so große Tiere mit Kaugummis
zu versorgen!"

„Na, wie war es in Italien?"

„Es war wunderbar."

„Und wie fandet ihr
die Hauptstadt Rom?"

„Ganz einfach!
Wir hatten ja eine Straßenkarte
dabei."

„Warum schlüpfen die Küken
aus den Eiern?"

„Vermutlich, weil sie Angst haben,
gekocht zu werden!"

„Geige mag ich viel lieber
als Klavier!"

„Sind Sie Musiker?"

„Nein, Möbelpacker!"

Die Trompeterin
sagt zu ihrer Freundin:
„Seit einer halben Stunde
spiele ich Schlaflieder,
aber das Kind schläft
immer noch nicht!"

Auf einer Schiffsreise
fragt Lara den Kapitän:
„Geht so ein Schiff
öfter mal unter?"
Der Kapitän lacht:
„Nein, nur einmal.
Und dann bleibt es meistens unten!"

„Hattest du die Grippe
auch so schlimm?"
„Viel schlimmer,
ich hatte sie in den Ferien!"

„Herr Ober,
haben Sie kalte Rippchen?"
„Nein, ich trage immer
warme Pullover."

Timmy saust mit seinem Fahrrad
die Straße entlang.
Er übersieht einen Stock,
und schon liegt er auf der Nase.
„Bist du gestürzt?",
fragt eine Dame erschrocken.
„Nein", knurrt Timmy.
„Ich steige immer so ab."

„Wie war denn dein Urlaub?"
„Furchtbar.
Die ganze Zeit hat es nur geregnet."
„Aber du bist doch ganz braun."
„Das ist der Rost!"

Ulrike Kaup
# Rategeschichten
## Mit Fragen zum Textverständnis

Bilder von Johannes Gerber

# Der dicke Clown will Lehrer sein

Erst sieht Fräulein Wurzelwein
nur eine Blume vor dem Fenster.
Die Blume wächst und wächst,
dann kommt ein Hut zum Vorschein,
dann ein Haarschopf
und schließlich ein Gesicht
mit lustigen Augen.
Ein Clownsgesicht!
Neugierig schaut es
ins Klassenzimmer.

„Nanu!", sagt Fräulein Wurzelwein
und öffnet das Fenster.
„Was möchten Sie bitte?"
„Ich möchte gern Quatsch machen",
sagt der dicke Clown.
„Und ich möchte
gleich jetzt damit anfangen."
„Ja, Quatsch machen!",
rufen die Kinder.
Und dabei klatschen sie
in die Hände,
als würde
der dicke Clown
eine
Zirkus-Vorstellung
geben.

Schon ist der dicke Clown
durchs Fenster geklettert
und steht schnaufend
im Klassenzimmer.
„Ja, was soll denn das?",
fragt Fräulein Wurzelwein entrüstet.
„Das soll Spaß machen!",
antwortet der dicke Clown.

„Und Sie sollen
ein kleines Päuschen machen!"
Da jubeln die Kinder und rufen:
„Der dicke Clown soll heute
unser Lehrer sein!"
„Na gut",
sagt Fräulein Wurzelwein.
„Aber nur ein paar Minütchen!"
Da legt der dicke Clown los.
„Zuerst wollen wir rechnen",
schlägt er vor.
Er fischt ein Springseil
aus der Hosentasche und springt
einmal, zweimal, dreimal.
„Wie oft bin ich gesprungen?",
fragt er und alle Kinder
rufen im Chor:
„Dreimal bist du gesprungen!"

Da nickt der dicke Clown
und fragt:
„Und wenn ich noch dreimal springe,
macht das . . .?"
„Sechsmal!", ruft der schlaue Max.
„Denn drei und drei
ist sechs."

„Nur fast richtig",
sagt der dicke Clown.
„Wenn ich noch dreimal springe,
macht das nämlich . . . müde!
Und jetzt wollen wir schreiben üben!
Was brauchen wir dazu?"
„Tinte und Füller!",
ruft die kluge Karin.
„Nur fast richtig!",
meint der dicke Clown.

„Zum Schreiben brauchen wir
die Buchstaben.
Und mit dem O fangen wir an!
Das O sieht aus wie ein Osterei."
„Nur nicht so bunt!",
ruft Fräulein Wurzelwein.
Da macht der dicke Clown
ein strenges Gesicht und sagt:
„Wer einfach in die Klasse redet,
muss mir einen Kakao ausgeben!"
Und schon ist Fräulein Wurzelwein
wieder mucksmäuschenstill.

„Mit dem O fängt mein Name an,
und mit dem O
hört er auch wieder auf",
erklärt er.
„Und meinen Namen kann man
von vorn und von hinten lesen.
Und wer ihn errät,
der darf nach Hause gehen."
Da überlegen die Kinder,
bis sie rote Ohren bekommen,
und alle schreiben sie
den Namen des dicken Clowns
auf einen Zettel.

Dann faltet der dicke Clown
jeden einzelnen Zettel auf,
und siehe da . . .!
Alle Kinder haben richtig geraten.

Der dicke Clown
freut sich sehr darüber
und schickt die kleinen Schlauberger
alle nach Hause.
Denn versprochen ist versprochen.

☞ Und du? Weißt du auch, wie der dicke
Clown heißt?

## Welches Tier gehört zu mir?

Wenn Raul und Lina mit dem Auto
in den Urlaub fahren,
wird ihnen nach einer Weile
meist langweilig.
Besonders wenn es anfängt,
dunkel zu werden.
So wie jetzt.
Dann macht es keinen Spaß mehr,
aus dem Fenster zu gucken,
und Raul und Lina spielen
ein lustiges Ratespiel.
Es heißt: Welches Tier gehört zu mir?

„Mein Tier friert nie", sagt Lina.
„Es hat ja einen dicken Pelz.
Der ist so weiß wie Schnee.
Und wenn es schneit,
glitzern die Flocken in seinem Fell
wie Edelsteine.
Und manchmal brüllt es so laut,
lauter als der Donner.
☞ Rate mal, wie heißt mein Tier!
Welches Tier gehört zu mir?"

„Mein Tier hat keine Angst
im finstren Wald", sagt Raul.
„Es fürchtet sich nicht vor
Baumgeistern,
die ihm einen Schreck einjagen wollen.
Es kann ja alles ganz genau sehen.
So, als wäre es heller Tag.
Und wenn es so umherfliegt,
hörst du es nicht.
Nicht einmal der Mond hört es,
wenn es vor seiner Nase
durch die Lüfte flattert.
☞ Rate mal, wie heißt mein Tier!
   Welches Tier gehört zu mir?"

„Mein Tier ist riesengroß", sagt Lina.
„Es passt in kein Aquarium
und in keine Badewanne.
Nicht einmal in das Schwimmbad
vom reichsten Mann der Welt.
Es braucht ja zum Schwimmen
den Ozean.
Und wenn ich zu ihm segele
über das Meer,
dann winkt es mir
mit seiner Riesenflosse zu.
☞ Rate mal, wie heißt mein Tier!
Welches Tier gehört zu mir?"

„Mein Tier ist ein König", sagt Raul.
„Ein König ohne Krone.
Die braucht es ja nicht
mit seiner wilden Mähne.
Und wenn ein Friseur kommt
und ihm eine Frisur machen will,
dann frisst mein Tier
ihn einfach auf.
☞ Rate mal, wie heißt mein Tier!
Welches Tier gehört zu mir?"

„Mein Tier ist schöner
als die schönste Puppe", sagt Lina.
„Es hat bunte Flügel,
die in der Sonne schillern.
Tag für Tag besucht es die Blumen
und die Blumen freuen sich
und schaukeln ein bisschen im Wind
mit meinem Tier.

Und wenn es auf meiner Hand landet,
lautlos und leicht,
dann halte ich den Atem an –
so schön ist mein Tier.
☞ Rate mal, wie heißt mein Tier!
 Welches Tier gehört zu mir?"

Sicher hast du mitgeraten
mit Raul und Lina.
Dann hast du jetzt
vielleicht Lust,
dir auch ein Tierrätsel auszudenken.

Und so könntest du anfangen:
„Mein Tier braucht
keinen Rucksack.
Es hat ja eine Tasche,
die ist angewachsen.
Und wenn mich ein Zauberer
klein zaubert,
dann klettere ich
einfach in die Tasche
und . . ."

## Die geheimnisvolle Flaschenpost

Eines Tages, als der kleine Herr Müller
seinen Morgenspaziergang macht,
entdeckt er eine Flaschenpost.
Sie schwimmt seelenruhig
im Bächlein herum,
und der kleine Herr Müller
fischt die Flasche heraus.

Sogleich macht er sich auf den Heimweg,
um die seltsame Post
unter die Lupe zu nehmen.

Er staunt nicht schlecht,
als das Briefchen aufgefaltet
vor ihm liegt.
Es ist eine Schatztruhe zu sehen,
und darunter stehen Zahlen.
Wahrscheinlich eine Geheimbotschaft,
denkt der kleine Herr Müller.
Am besten frage ich gleich
die schlaue Frau Schmidt.

Aufgeregt klopft der kleine Herr Müller
an ihr Fenster.
„Schön, dass Sie mal vorbeischauen!",
sagt die schlaue Frau Schmidt.
Der kleine Herr Müller zeigt ihr
die geheimnisvolle Schatzkarte.
☞ Weißt du noch, wie der kleine
   Herr Müller sie gefunden hat?
Das erzählt er nun der schlauen
Frau Schmidt.
Die hält die Karte gegen das Licht
einer Kerze.

„Sehen Sie mal hier!",
sagt sie zum kleinen Herrn Müller.
„Das ist doch ein Elefant!
Ein Elefant aus Afrika.
Das erkennt man an
den großen
Ohren."

„Aber was hat der Elefant
mit den komischen Zahlen zu
tun?", fragt der kleine Herr Müller.
„Das weiß ich auch nicht so genau",
sagt die schlaue Frau Schmidt.
„Wahrscheinlich liegt der Schatz
in Afrika, im Elefanten-Land.
Aber um das herauszufinden,
müssten wir dorthin fliegen."

Ein paar Tage später
steigen die schlaue Frau Schmidt
und der kleine Herr Müller ins Flugzeug.
Und einige Stunden später
steigen sie in Afrika wieder aus.
Als Erstes spendieren sie sich
an der Hotelbar einen Erdbeerbecher.
Dort lernen sie den starken John kennen.
Er lädt sie gleich für den nächsten Tag
zu einer Safari ein.
Und die beiden freuen sich sehr
darüber.

Zusammen mit dem starken John
entdecken sie Nilpferde und Antilopen
und fotografieren gestreifte Zebrapopos.
Als sie die Flaschenpost
schon beinahe vergessen haben,
begegnet ihnen plötzlich ein Elefant.
„Schau mal!",
sagt die schlaue Frau Schmidt
zum kleinen Herrn Müller.
„Der Elefant winkt mit dem Rüssel.
Wir sollen ihm wohl folgen."
Gesagt, getan.

Und so plötzlich,
wie der Elefant aufgetaucht ist,
ist er wieder verschwunden.
Plötzlich bemerken sie,
dass sie vor einer Höhle stehen.
Sie machen ein paar
vorsichtige Schritte
in die Höhle hinein.
„Da ist was in die Wand geritzt!",
ruft die schlaue Frau Schmidt
und schreibt ganz genau ab,
was da steht:

Endlich können
die schlaue Frau Schmidt
und der kleine Herr Müller
die geheime Botschaft entschlüsseln.
Für jede Zahl setzen sie
den passenden Buchstaben ein.
Und als sie schließlich damit fertig sind,
lächeln sie sich an,
und beiden wird warm ums Herz.
Dann reisen sie wieder nach Hause.

Dort rahmt der kleine Herr Müller
die Schatzkarte ein
und hängt sie über seinen Kamin.

Und manchmal,
wenn der kleine Herr Müller
die schlaue Frau Schmidt
zum Tee einlädt,
erzählen sie sich von Afrika.
Und dann schauen sie Fotos an
von gestreiften Zebrapopos.

☞ Hast du herausbekommen, was auf
der Schatzkarte steht?

# Ein Ausflug ins Märchenland

Jana liebt Märchen.
Deshalb muss Mama
immer vor dem Schlafengehen
aus dem Märchenbuch vorlesen.
Am liebsten möchte Jana
einmal selbst im Märchenland
spazieren gehen.
Zwischen Rotkäppchen und
Aschenputtel,
zwischen den Bremer Stadtmusikanten
und Rapunzel.
Und eines Abends ist es so weit.
Jana träumt sich ins Märchenland.
Zuerst geht Jana
durch einen großen dunklen Wald.
Immer weiter und weiter,

bis sie zu einem Haus kommt,
das ganz aus Pfefferkuchen gebaut ist.
Jana ist sehr hungrig.
Sie überlegt nicht lange
und bricht ein Stück davon ab.
Da hört sie eine aufgeregte Stimme.
„Wer hat von unserem
Häuschen gegessen?",
ruft die Stimme.
Und schon ist
Jana umringt
von sieben
kleinen Männchen
mit roten
Zipfelmützen.

„Nanu!", sagt Jana.

„Ich dachte, hier wohnt die böse Hexe!"

„Das war einmal", sagen die Zwerge.

„Wir haben sie verjagt.

Jetzt wohnen wir hier

zusammen mit einer Prinzessin.

Sie ist die Schönste im ganzen Land."

„Ich wollte schon immer mal

eine echte Märchen-Prinzessin

besuchen!",

ruft Jana begeistert.

„Oje!", sagen die Zwerge.

„Unsere Prinzessin ist in der Frühe

zu ihrer Freundin gefahren.

Die heiratet heute nämlich ihren Prinzen.

Das wird auch Zeit,

denn sie hat 100 Jahre geschlafen!"

„Könnt ihr mir den Weg erklären?",
fragt Jana.
„Wenn ich mich beeile,
kann ich vielleicht noch dabei sein."
„Hiermit bist du ganz schnell da!",
sagt der größte Zwerg
und gibt Jana ein Paar Stiefel.
„Zieh sie über deine Schuhe.
Das sind Sieben-Meilen-Stiefel.
Sie tragen dich in Windeseile
über Berg und Tal.
Und wenn sie stehen bleiben,
bist du am Ziel."

Am liebsten würde Jana
die Sieben-Meilen-Stiefel
nie wieder ausziehen.
Ihr ist, als würde sie fliegen.
Doch plötzlich gibt es einen Ruck.
Sie steht vor einer Dornenhecke.
„Geh nur!", zwitschern die Vögel.
„Die Dornen stechen dich nicht."
Schon öffnet sich die Rosenhecke
und gibt den Blick frei auf eine Kirche.

Als Jana in die Kirche tritt,
steht das Prinzenpaar vor dem Altar.
Noch nie hat Jana
eine so schöne Braut gesehen!
Doch als der Prinz
seine schöne Braut küssen will,
passiert etwas Unglaubliches.
Kaum haben sich ihre Lippen berührt,
da verwandelt sich der Prinz
in einen grasgrünen Frosch,
der fröhlich vor sich hin quakt.

Einen Moment lang
sind die Hochzeitsgäste entsetzt.
Doch dann lachen sie
aus vollem Herzen
über den niedlichen Frosch.

Sie lachen,
bis ihnen Tränen kommen.
Und überall dort,
wo eine Träne auf den Boden fällt,
wächst eine
wunderschöne Blume.

Als Jana am Morgen aufwacht,
kommt Mama ins Zimmer.
Mit einem Schokoladenkuchen
und einem großen Paket.
„Herzlichen Glückwunsch
zum Geburtstag!",
sagt Mama und gibt Jana einen Kuss.
Noch im Schlafanzug
packt Jana ihr Geschenk aus.
Ein Paar Stiefel aus echtem Leder
mit weichem Kuschelfutter.
Und ein bisschen sehen sie aus
wie Sieben-Meilen-Stiefel.

☞ Welche Märchen hast du in Janas
   Traum wiedererkannt?

# Lösungen

**Der dicke Clown will Lehrer sein**
Der Clown heißt Otto.

**Welches Tier gehört zu mir?**
Seite 64:
Eisbär
Seite 65:
Fledermaus
Seite 66:
Blauwal
Seite 67:
Löwe
Seite 69:
Schmetterling

**Die geheimnisvolle Flaschenpost**
Der kleine Herr Müller hat die Karte als Flaschenpost bekommen.
Auf der Schatzkarte steht: Ein Freund ist der wertvollste Schatz.

**Ein Ausflug ins Märchenland**
Die Märchen, die in der Geschichte vorkommen, sind: Hänsel und Gretel, Schneewittchen und die sieben Zwerge, Dornröschen, Der Froschkönig und Der kleine Däumling.

Mücki und Max
# Kunterbunte Kinderwitze
Bilder von Wilfried Gebhard

# Von Mäusen und Pinguinen

Der Kakadu ist beleidigt.
„Jetzt bin ich
schon 30 Jahre alt.
Aber immer noch
sagen alle
Kaka-du zu mir
und nie Kaka-sie."

Ein Nilpferd geht in eine Bar.
Das Nilpferd bestellt eine Limo.
Es trinkt die Limo aus,
bezahlt und will gehen.
„Ein Nilpferd
war noch nie hier!", sagt der Ober.
Darauf sagt das Nilpferd:
„Das war auch das letzte Mal.
Ihre Preise sind unverschämt!"

Zwei Luftmatratzen
schwimmen im Meer.
Ruft die eine aufgeregt:
„Achtung, ein Haifisch...schsch."

Zwei Igel sitzen im Gras.
Sie beobachten, wie das Laub
von den Bäumen fällt.
Da sagt der eine Igel:
„Nächstes Jahr
lasse ich den Winterschlaf ausfallen.
Dann schau ich mir an,
wer im Frühling die Blätter
wieder an die Bäume klebt."

Eine Fledermaus
fliegt an einer Katze vorbei.
„Verdammt noch mal!",
flucht die Katze.
„Jetzt fangen die Mäuse
auch noch an zu fliegen!"

In der Zoohandlung:
„Was kosten
die Goldfische?"
„Das Stück zehn Euro!"
„Und die Silberfische?"

Die kleine Maus ist ganz neidisch:
„Tja, zu Nikolaus
sind die Tausendfüßler
immer fein raus!"

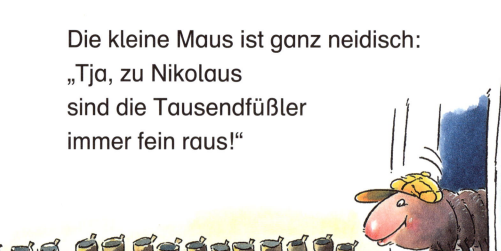

Bei der Polizei klingelt das Telefon.
„Kommen Sie schnell!",
krächzt eine Stimme.
„Es geht um Leben und Tod.
Eine fremde Katze
ist in unserer Wohnung!"
„Wer spricht denn da?"
„Lora, der Papagei!"

96

Sagt die Holzwurm-Mutter
zu ihren Kindern:
„Husch, husch,
ins Brettchen."

Zwei Schnecken
sitzen am Straßenrand.
„Die Straße ist frei.
Lass uns rüberkriechen."
„Bist du verrückt!
In zwei Stunden
kommt der Schulbus!"

Immer wieder wird
der Schäfer gefragt:
„Wie viele Schafe haben Sie?"
Doch der Schäfer
weiß es nicht.
„Immer wenn ich sie zählen will,
schlafe ich dabei ein!"

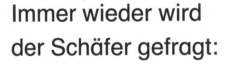

Ein Fisch in der Drogerie:
„Ich hätte gerne eine Flasche Schuppen-Shampoo!"

Eine Känguru-Mutter
kratzt sich am Beutel.
Sie schimpft:
„Kind,
du sollst den Zwieback
doch nicht im Bett essen!"

Die kleinen Fische
sehen zum ersten Mal
ein U-Boot.
„Keine Angst, meine Kinder!", sagt
die Mama.
„Das sind nur Menschen in Dosen!"

„Wie gerne würde ich
auch mal zum Schilaufen gehen",
klagt der Tausendfüßler.
„Aber bis ich meine Bretter anhabe,
ist der Winter vorbei."

# Ein Krokodil im Bett

Sirin hat zu Weihnachten
eine Schildkröte bekommen.
Ihre kleine Schwester bittet sie:
„Nimm doch mal den Deckel runter!
Ich möchte sie streicheln."


„Warum fressen Löwen
nur rohes Fleisch?",
möchte Dennis wissen.
Darauf seine Schwester:
„Weil sie nicht kochen können."


Ali zu seiner Mutter:
„Weißt du,
wie lange Krokodile leben?"
„Genau so wie kurze Krokodile!"

„Was machst du,
wenn du in deinem Bett
ein Krokodil findest?",
will Sophie
von ihrer Schwester wissen.
„Ich schlafe auf dem Sofa!"


„Warum legen Hühner Eier?",
fragt Tino seinen Vater.
„Na ja, wenn sie sie werfen,
gehen die Eier kaputt!"

Nach der ersten Reitstunde
meint Nora zu ihrer Mutter:
„Ich hätte nie gedacht,
dass ein Tier,
das mit Heu gefüllt wird,
so hart sein kann!"

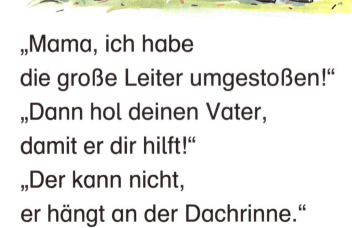

„Mama, ich habe
die große Leiter umgestoßen!"
„Dann hol deinen Vater,
damit er dir hilft!"
„Der kann nicht,
er hängt an der Dachrinne."

„Ich mag keinen Käse
mit Löchern!",
sagt Lisa zu ihrem Bruder.
Darauf sagt er:
„Dann iss den Käse,
und lass die Löcher liegen!"

„Meine Mutter
kann einfach alles!",
sagt Tina stolz.
„Was du nicht sagst",
meint Tanja skeptisch.
„Dann soll sie doch mal Zahnpasta
wieder in die Tube drücken."

Frank entdeckt
an den Schläfen seines Vaters
die ersten grauen Haare.
„Papa", schreit er, „du fängst an
zu schimmeln!"


„Mira, warum weint
dein kleiner Bruder?"
„Weil ich ihm geholfen habe…"
„Geholfen? Wobei?"
„…seinen Schokokuss
aufzuessen!"

Der kleine Benni liegt im Bett
und jammert:
„Wenn ich nicht bald
geweckt werde,
komme ich zu spät in die Schule!"

„Iss dein Gemüse,
damit du etwas Farbe
ins Gesicht bekommst!",
meint der Vater zu Christoph.
Der antwortet:
„Ich will aber
keine grünen Backen haben!"

"Janina, weißt du,
wo die Plätzchen sind?"
"Ja, Mama!"
"Aha! Dann muss ich sie
woanders verstecken!"

Die Oma sitzt am Bettchen
des Enkels
und liest ihm ein Märchen vor.
"Du, Oma", unterbricht er,
"nicht so laut, bitte,
ich möchte schlafen."

Felix redet mit seinem Vater.
Der Vater blättert dabei
in einer Zeitung.
„Papa, du hast mir
überhaupt nicht zugehört."
„Doch, doch", sagt der Vater
und blättert weiter.
Felix schmollt:
„Das stimmt nicht.
Sonst wärst du
schon längst wütend."

„Viola,
woher hast du diese
Schimpfwörter?"
„Vom Nikolaus!
Den hättest du hören sollen,
als er im Treppenhaus
über den Roller gestolpert ist."

Vater und Tochter gehen in den Zoo.
Vorm Eisbärkäfig sagt der Vater:
„Lisa, geh nicht so nah
an den Eisbären heran!
Du bist sowieso schon erkältet!"

# Viel Spaß in der Schule

„Anna!
Was gibt drei mal sieben?"
Darauf Anna:
„Ganz feinen Sand."

„Aber Thilo,
du trägst ja
einen braunen
und einen schwarzen Schuh!"
„Ich weiß", antwortet Thilo.
„Dieses Paar hab ich
sogar zweimal."

„Antonia, du kommst ja
schon wieder zu spät
in die Schule!"
„Ja, Frau Logi,
aber Sie sagen doch immer:
‚Zum Lernen ist es nie zu spät!'"

„Mutti! Ich möchte heute
zu Hause bleiben.
Ich fühle mich nicht wohl."
„Wo denn?"
„In der Schule."

Die Lehrerin fragt Jan:
„Nenne mir drei Tiere,
die in Afrika leben!"
Jan: „Ein Krokodil
und zwei Nilpferde."

Thomas flitzt mit dem Fahrrad
über den Schulhof.
Ein Lehrer ruft:
„Stopp! Du hast kein Licht
und keine Klingel!"
„Weg!", ruft da Thomas,
„eine Bremse hab ich auch nicht!"

Stina macht mit der Klasse
einen Ausflug in den Wald.
Sie entdeckt eine Ringelnatter
und ruft:
„Schaut mal,
dort wedelt ein Schwanz
ohne Hund!"


„Mag dein Hund Kinder?",
will Tina in der Pause wissen.
„Oh ja, sogar sehr.
Aber meistens
bekommt er Dosenfutter!"

„Warum mag dein Hund
keine Briefträger?",
fragt Rainer
seinen Schulkameraden.
„Er ist sauer,
weil er nie
Post bekommt."

„Ich habe vier Hufeisen gefunden",
flüstert Sebastian.
„Weißt du, was das bedeutet?"
Steffi überlegt eine Weile:
„Ja, ein Pferd läuft jetzt barfuß!"

„Sind Braunbären
eigentlich immer braun?",
will Johannes wissen.
„Logisch!", antwortet Nora.
„Wenn sie rosa wären,
hießen sie Himbären!"

Im Zoo bei den Giraffen …
„So einen langen Hals
hätte ich auch gerne!",
sagt Tim.
„Beim Diktat schon",
meint Selin,
„beim Waschen lieber nicht!"

Jana erzählt in der Schule:
„Mein Kater
hat beim Wellensittich-Wettbewerb
den ersten Preis bekommen."
„Wie geht denn das?",
fragt die Freundin verwundert.
„Er hat den Sieger gefressen!"

Die Lehrerin fragt:
„Wie lautet die Mehrzahl von Kind?"
Lea antwortet:
„Zwillinge!"

Nach Schulschluss
fragt die Lehrerin verwundert:
„Warum lässt du denn die Luft
aus dem Fahrradreifen raus?"
Jan lässt sich nicht stören
und meint ganz gelassen:
„Ist doch klar,
der Sattel ist zu hoch!"

Die Kinder
sollen eine Wiese zeichnen,
auf der eine Kuh weidet.
Thomas gibt ein leeres Blatt ab.
„Die Kuh hat das Gras
aufgefressen",
erklärt er.
„Und wo ist die Kuh?",
wundert sich die Lehrerin.
„Na, die bleibt doch nicht,
wenn kein Gras da ist."

Die Lehrerin fragt den Schüler:
„Du hast 21 Kaugummis.
Davon nehme ich dir drei weg.
Was macht das dann?"
Schüler:
„Bei der Menge
macht das gar nichts!"


Anna will nicht in die Schule.
Sie schluchzt:
„Ich mag nicht
in die Schule gehen.
Immer wenn die Lehrerin
nicht weiterweiß,
fragt sie mich."

Lehrerin:

„Alles, was Federn trägt,

legt Eier."

Sabine wundert sich:

„Indianer auch?"


„Was kaust du denn da?",

will der Lehrer wissen.

„Kaugummi",

antwortet Antonia.

„Schmeiß den sofort weg!",

empört sich der Lehrer.

„Geht nicht.

Den hat mir mein Freund doch bloß

ausgeliehen."

# Huhu – wie gruselig!

Ein Schlossbesitzer zum anderen:
„Die Geschäfte
laufen schlecht dieses Jahr.
Ich muss sogar
mein Schlossgespenst
an eine Geisterbahn vermieten."


Zwei Kühe unterhalten sich:
„Warum ist Rita
so mager geworden?"
„Weil sie abergläubisch ist.
Sie frisst
nur vierblättrigen Klee!"

Zwei Skelette wollen tanzen gehen.
Sie steigen auf ein Motorrad.
„Oh, beinahe
hätte ich was vergessen",
sagt das eine
und holt seinen Helm.

„Sind da Geister
unter meinem Bett?",
fragt der kleine Johann.
„Nein, nein.
Ganz bestimmt nicht!",
hört er es wispern.

Was sagt Dracula,
wenn er zum Zahnarzt geht?
„Bitte nur anspitzen!"

Der Gast fragt den Baron:
„Gibt es in Ihrem Schloss
Gespenster?"
„Natürlich!
Sie sind billiger
als eine Alarmanlage!"

In einer feuchten Höhle
leben Fledermäuse.
Alle hängen
mit dem Kopf nach unten,
nur eine nicht.
„Was ist denn mit der los?"
„Ach, die macht Yoga!"

Großes Fest bei Graf Dracula:
„Der Tomatensaft
schmeckt aber lecker!"
„Tomatensaft?
Das ist Krötenblut-Limonade!"

Fünf Minuten vor Mitternacht
knarrt die Treppe.
Zwei Minuten später
bewegt sich der Vorhang.
Eine Tür quietscht.
Dann fällt ein Stuhl um.
Noch eine Minute bis Mitternacht.
Ein Schatten erscheint,
und eine Stimme flüstert:
„Mama, ich muss mal!"

# Da wackelt die Glühbirne

„Kennst du den Sekundenwitz?"
„Nein."
„Schade, schon vorbei."

Was ist das:
Es ist gelb, grün oder rot
und fliegt nach Amerika?
Antwort:
Gummibärchen im Flugzeug.

„Gestern war ich beim Zahnarzt."
„Tut der Zahn noch weh?"
„Ich weiß es nicht.
Der Zahnarzt hat ihn behalten."


„Was ist dein Hobby?"
„Fliegen!"
„Das ist aber ein teures Hobby!"
„Wieso? Fliegen gibt es
doch überall!"


Vor der Zapfsäule einer Tankstelle
steht ein Roboter und schimpft:
„Nimm den Finger aus dem Ohr,
wenn ich mit dir rede!"

„Ich habe es satt,
immer hier rumzuhängen!",
sagt die Glühbirne
und brennt durch.

„Schau mal,
ein Zitronenfalter!"
„Aber der ist doch grün!"
„Na ja, vielleicht ist er
noch nicht reif!"

„Kennst du den Unterschied
zwischen einem Ohrensessel
und einer Brennnessel?"
„Nein."
„Na, dann setz dich mal rein!"

Was ist braun, haarig und hustet?
Eine Kokosnuss,
die sich verschluckt hat.

„Und dieses
Haarwuchsmittel wirkt?",
fragt der Kunde.
„Garantiert",
versichert der Verkäufer.
„Letzte Woche
ist mir ein Tropfen davon
auf den Bleistift gefallen.
Heute benutze ich ihn
als Zahnbürste!"

# 1. KLASSE

**Kleine Geschichten**

**Schulweggeschichten**
978-3-401-70407-4

**Spannende Baumhausgeschichten**
978-3-401-70528-6

**Piratengeschichten**
978-3-401-70228-5

**Mammutjäger-Geschichte**
978-3-401-09771-8

Jeder Band: Ab 6/7 Jahren • **Kleine Geschichten** • Durchgehend farbig illustriert
48 Seiten • Gebunden • Format 15,9 x 21,1 cm

Mit Fragen zum Leseverständnis und **Bücherbär am Lesebändchen**

Zeilentrennung nach Sinneinheiten

Sehr einfache Textgliederung für das erste Lesejahr

Große Fibelschrift

Hoher Illustrationsanteil

Innenseite aus »Mammutjäger-Geschichten«
ISBN 978-3-401-09771-8

Die kurzen Geschichten rund um ein beliebtes Thema sind besonders gut zum allerersten Selberlesen geeignet. Durch die klare Textgliederung und die vielen farbigen Illustrationen ist das Lesen ganz leicht.

In Zusammenarbeit **westermann**

# KLASSE

**Eine Geschichte für Erstleser**

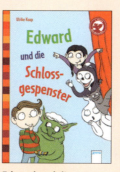

**Milla im magischen Garten**
978-3-401-70425-8

**Das Geheimnis von Atlantis**
978-3-401-70195-0

**Edward und die Schlossgespenster**
978-3-401-70323-7

**Hieronymus Frosch. Auf der Jagd nach dem Tomaten-Frosch**
978-3-401-70185-1

Jeder Band: Ab 6 Jahren • Eine Geschichte für Erstleser • Durchgehend farbig illustriert
56 Seiten • Gebunden • Format 15,9 x 21,1 cm

Bücherbärfigur am bändchen und -Leseübungsheft

Klare Textgliederung

Eine kleine Geschichte in kurzen Kapiteln für das erste Lesejahr

Große Fibelschrift

Innenseite aus »Zusammen sind wir stark«
978-3-401-70035-9

Für geübte Leseanfänger ist eine längere durchgehende Geschichte genau das Richtige! Mit der großen Schrift, den kleinen Kapiteln und den vielen farbigen Bildern macht das erste Lesen viel Spaß.

In Zusammenarbeit mit **westermann**

## 2. KLASSE

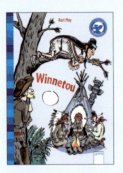

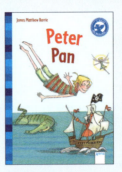
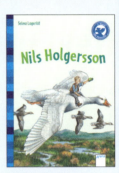

**Winnetou**
978-3-401-70246-9

**Die schönsten Prinzessinnen-Märchen**
978-3-401-70532-3

**Peter Pan**
978-3-401-70491-3

**Nils Holgersson**
978-3-401-70066-3

Jeder Band: Ab 7/8 Jahren • **Klassiker für Erstleser** • Durchgehend farbig illustriert
72 Seiten • Gebunden • Format 15,9 x 21,1 cm

Mit Bücherbärfigur am Lesebändchen

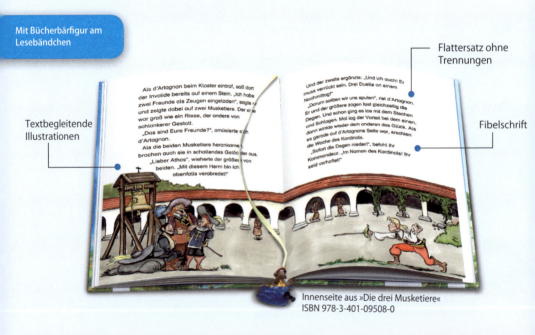

Textbegleitende Illustrationen

Flattersatz ohne Trennungen

Fibelschrift

Innenseite aus »Die drei Musketiere«
ISBN 978-3-401-09508-0

In Zusammenarbeit
**westermann**